APLICABILIDADE DAS DIMENSÕES DE DIREITOS HUMANOS NA CONSTITUIÇÃO BRASILEIRA

Camila Moreira Farrapo

APLICABILIDADE DAS DIMENSÕES DE DIREITOS HUMANOS NA CONSTITUIÇÃO BRASILEIRA

1ª Edição
Goiânia

ANGELIA
EDITORA
2024

Dados Internacionais de Catalogação na Publicação (CIP)
(Câmara Brasileira do Livro, SP, Brasil)

Farrapo, Camila Moreira
Aplicabilidade das dimensões de direitos humanos na Constituição Brasileira / Camila Moreira Farrapo. -- 1. ed. -- Goiânia, GO : Angelia Editora, 2024.

44 p.

Bibliografia.
ISBN 978-65-83134-56-1

1. Direito constitucional - Brasil 2. Direitos humanos I. Título.

24-242982 CDD-342.7

Índices para catálogo sistemático:

1. Direitos humanos : Direito 342.7

Aline Graziele Benitez - Bibliotecária - CRB-1/3129

Mesmo submetida e aprovada pelo Conselho Editorial da Angelia Editora previamente à publicação, a autora responsabiliza-se publicamente pelo conteúdo da obra, garantindo que é de autoria própria, assumindo integral responsabilidade de natureza moral ou patrimonial diante de terceiros em razão de seu conteúdo, declarando que o trabalho é original, livre de plágio e que não infringe quaisquer direitos de propriedade intelectual de terceiros, não havendo qualquer interesse comercial ou irregularidade que comprometa a integridade desta obra.

SUMÁRIO

1 INTRODUÇÃO

Este estudo tem como objetivo estudar as dimensões de direitos humanos de forma que contenha em cada tópico a origem histórica, conceito, aplicabilidade na Constituição Federal do Brasil, aplicabilidade internacional e suas consequências jurídicas e sociais de cada geração ou dimensão.

A citação a seguir trata de uma frase cujo autor foi Thomas Jefferson:

> Às vezes grandes textos surgem da reescrita sob pressão. No seu primeiro rascunho da Declaração da Independência, preparado em meados de junho de 1776, Thomas Jefferson escreveu: "Consideramos que essas verdades são sagradas e inegáveis: que todos os homens são criados iguais e independentes, que dessa criação igual existem direitos inerentes e inalienáveis, entre os quais estão: a preservação da vida, a liberdade e a busca da felicidade." (HUNT, 2007, p.13).

Thomas Jefferson traz idealiza nesse trecho uma explicação sucinta do surgimento das dimensões de direitos humanos e seu desenvolvimento histórico. Ao decorrer da história nota-se vários encetamentos de pensamentos que traziam de alguma forma a busca pelos direitos que foram adquiridos futuramente pelas dimensões. Mas a questão é entender tal movimento, quando se cria uma constituição a intensão principal do Estado é garantir alguns direitos essenciais para a vida digna do ser humano, esses direitos são chamados de direitos fundamentais e tem algumas características especificas que servem como proteção, como a perpetuidade e inviolabilidade.

Mas com o passar do tempo à cultura, a moral, e conceitos se transformam conforme a evolução da sociedade, consequentemente nasce à necessidade de garantir e proteger novos direitos. Por isso o direito é dinâmico ele muda conforme a necessidade, logo assuntos novos como o meio ambiente, ou a paz devem ser legislados.

O movimento da primeira geração surgiu no século XVII, nessa época a sociedade sentiu a necessidade de barrar o poder estatal, surgindo assim à busca pelo direito de liberdade do indivíduo perante o Estado (liberdade civil e política). O povo podia exigir do Estado uma prestação negativa, ou seja, o Estado tinha uma obrigação de não fazer perante o indivíduo. Esses direitos foram os primeiros a ter previsão na constituição, por isso se tornaram direitos fundamentais. Tal movimento se tornou a primeira geração.

Mas com o passar do tempo à sociedade evoluiu e a liberdade já não era suficiente, portanto surge à segunda geração também conhecida como direito de igualdade que traz agora os direitos sociais. O Estado diferente da primeira agora tem uma obrigação de fazer com o indivíduo, obrigação essa de garantir que alguns direitos considerados necessários para a vida digna da pessoa sejam aplicados. Esses direitos envolvem a educação, à segurança, o trabalho, o lazer, assistência aos desamparados entre outros direitos que surgiram após a primeira guerra mundial devido aos impactos causados pela industrialização.

A próxima geração nasce principalmente pelo impacto internacional que a segunda guerra mundial causou, houve a necessidade de criar direitos que atingissem a todos no âmbito internacional, o objetivo era a busca da paz e cooperação global para defender os direitos individuais e coletivos. O cidadão teria sua proteção estendida para outros territórios internacionais. Esses direitos surgiram a partir da Carta das Nações Unidas de 1945, e no Brasil na Constituição de 1988.

Como dito conforme a evolução da sociedade surge novas necessidades, não seria diferente com a quarta e quinta geração, essas são mais atuais, a quarta geração se deu pelos avanços tecnológicos e descobertas cientificas, contudo, esses direitos ainda se encontram na fase inicial. A quinta geração busca a paz como direito fundamental, e esta instituída no artigo 4º inciso VI, da Constituição Federal do Brasil.

2 DIREITOS DE PRIMEIRA GERAÇÃO

As gerações de direitos fundamentais estão intimamente ligadas com a evolução da sociedade, tendo como resultado a movimentação das tutelas desejadas, fazendo com que surjam constantemente novos direitos.

> A primeira geração, surgida no final do século XVII, inaugura-se com o florescimento dos direitos e garantias individuais clássicos, os quais encontravam na limitação do poder estatal seu embasamento.
> Nesta fase, prestigiavam-se as cognominadas prestações negativas, as quais geravam um dever de não fazer por parte do Estado, com vistas à preservação do direito à vida, à liberdade de locomoção, à expressão, à religião, à associação etc. (BULOS, 2013, p. 528).

A primeira geração se deu por certa omissão do Estado, mas logo tal omissão já se tornou insuficiente. Essa geração ficou conhecida principalmente por sua busca a não interferência do Estado perante a liberdade do indivíduo, trata dos direitos políticos e civis; e também foram os primeiros direitos com previsão na Constituição Federal. Pode-se citar com exemplo de direitos de primeira geração artigo 5º, IV, XVII e o caput do artigo 14 e seus incisos e parágrafos da Constituição Federal de 1988.

> Art. 5º Todos são iguais perante a lei, sem distinção de qualquer natureza, garantindo-se aos brasileiros e aos estrangeiros residentes no País a inviolabilidade do direito à vida, à liberdade, à igualdade, à segurança e à propriedade, nos termos seguintes: [...].
> IV - é livre a manifestação do pensamento, sendo vedado o anonimato;
> XVII - é plena a liberdade de associação para fins lícitos, vedada a de caráter paramilitar; [...].
> Art. 14. A soberania popular será exercida pelo sufrágio universal e pelo voto direto e secreto, com valor igual para todos, e, nos termos da lei, mediante:
> I - plebiscito;
> II - referendo;
> III - iniciativa popular.
> § 1º - O alistamento eleitoral e o voto são:
> I - obrigatórios para os maiores de dezoito anos;
> II - facultativos para:
> a) os analfabetos;
> b) os maiores de setenta anos;
> c) os maiores de dezesseis e menores de dezoito anos [...].

Queiroz (2001, p. 42) conceitua em sua obra a primeira geração de direitos fundamentais:

> Os direitos fundamentais de primeira geração, ou direitos de liberdade são aqueles que têm por titulares o indivíduo. São oponíveis ao estado, e se traduzem como faculdade ou atributos da pessoa, ostentando uma subjetividade que o seu traço mais característico. São, enfim, os direitos de resistência ou de oposição perante o Estado e que valorizam primeiro o homem singular, o homem das liberdades abstratas, o homem da sociedade mecanicista, que compõe a sociedade civil, tenso dominado o século XIX.

Cruz (2005, p. 563 – 564) também entende que é um direito oponível ao Estado, titularizado ao indivíduo que busca a liberdade da pessoa perante o Estado:

> É um direito titularizado ao indivíduo, sendo oponíveis ao Estado, traduzindo na faculdade ou atributos da pessoa, ostentando uma subjetividade, tais como direito à vida, sobrevivência, a propriedade, a liberdade.

Moraes (2005, p.21) mostra ainda que a primeira geração abrange:

> O conjunto institucionalizado de direitos e garantias do ser humano que tem por finalidade básica o respeito a sua dignidade, por meio de sua proteção contra o arbítrio do poder estatal e o

estabelecimento de condições mínimas de vida e desenvolvimento da personalidade humana.

Os direitos considerados de primeira geração são consequência principalmente de dois documentos, são eles a Declaração Francesa dos direitos do Homem e do Cidadão e da Constituição dos Estados Unidos da América de 1787, que tiveram seu surgimento após o confronto entre governados e governantes, deram voz a insatisfação do povo com a realidade política, econômica e social de sua época. Havia a necessidade de intervir o Estado em relação à liberdade do indivíduo, buscando direitos como a vida, à sobrevivência e a propriedade, resultando nessas afirmações dos direitos de indivíduos em face do poder soberano do Estado absolutista. (LAFER, 1988, p.126)

Em relação ao seu surgimento Bobbio (1992, p. 60) entende:

> Filosoficamente, pode-se creditar o surgimento e o resguardo dessa geração direitos à moral individualista e secular, que colocava o indivíduo como centro do poder e rechaçava, de outra parte, a promiscuidade entre poder político e religioso, assinalando a secularização do poder do Estado.

Alguns doutrinadores entendem que as gerações de direitos humanos foram separadas de acordo com o Lema da Revolução Francesa, liberdade, igualdade e fraternidade. Lima (2003) observa que:

> Em verdade, há quem assinale que as dimensões de direitos humanos foram separadas conforme o lema da Revolução Francesa de 1789, liberte, igualité, fraternité, ao qual a liberdade corresponderia à primeira, a igualdade a segunda e a fraternidade à terceira geração de direitos, sobrevindo, somente anos depois, as quarta e quinta gerações de direitos humanos, expressão originariamente criada por Karel Vasak na aula inaugural no Curso do Instituto Internacional dos Direitos do Homem, em Estraburgo e posteriormente emprestada por Norberto Bobbio.

Portanto entende-se que a primeira geração se enquadra no primeiro lema, a liberdade do indivíduo perante o Estado. Pilau (2003, p. 85 – 86) afirma que "Os direitos de liberdade constituem a primeira geração dos direitos humanos e são constituídos pelos direitos civis e políticos".

Conforme Sarlet (2005, p. 54) a primeira geração tem suas raízes no Iluminismo e se concretiza na realização da liberdade do indivíduo.

> Os direitos fundamentais da primeira dimensão encontram suas raízes especialmente na doutrina iluminista e jusnaturalista dos séculos XVII e XVIII (nomes como Hobbes, Locke, Rosseau e Kant), segunda a qual a finalidade precípua do Estado consiste a realização da liberdade do indivíduo,

> bem como nas revoluções políticas do final do século XVIII, que marcaram o início da positivação das reivindicações burguesas nas primeiras Constituições escritas no mundo ocidental.

Os direitos da primeira geração contemplam diversas liberdades como, a liberdade de expressão, associações, manifestações, direito ao voto, entre outras liberdades que correlacionam diretamente entre os direitos fundamentais e a democracia. Suas principais características são o direito de resistência ou de oposição perante o Estado. (SARLET, 1998, p. 48-49)

É valido ressaltar que esta geração trata de Direitos indispensáveis à existência do indivíduo, por isso possuem características que devem ser observadas, são elas: universalidade, imprescritibilidades, limitabilidade e irrenunciabilidade. Tais particularidades são meios de proteção e aplicabilidade aos direitos adquiridos na primeira geração.

Os direitos fundamentais cumprem diversas funções no ordenamento jurídico.

> Na sua concepção tradicional, os direitos fundamentais são direitos de defesas (Abwehrrechte), destinados a proteger determinadas posições subjetivas contra a intervenção do Poder Público, seja pelo (a) não-impedimento da prática de determinado ato, seja

> pela (b) não intervenção em situações subjetivas ou pela não eliminação de posições jurídicas.
> Nessas dimensões, os direitos fundamentais contêm disposições definidoras de uma competência negativa do Poder Público (negative Kompetenzbestimmung), que fica obrigado, assim a respeitar o núcleo de liberdade constitucionalmente assegurado. (MENDES,1999, p. 36 – 37).

Bobbio (1992, p. 123) cita que "A liberdade pessoal é, historicamente, os primeiros dos direitos a ser reclamado pelos súditos de um Estado e a obter proteção [...]."

3 DIREITOS DE SEGUNDA GERAÇÃO

Após a conquista dos direitos negativos, a intervenção do Estado perante a liberdade do indivíduo não foi suficiente ao povo, fazendo que surgisse a segunda geração para satisfazer os novos interesses das pessoas.

> A garantia dos direitos fundamentais enquanto direitos de defesa contra intervenção indevida do Estado e contra medidas legais restritivas dos direitos de liberdade não se afigura suficiente para assegurar o pleno o exercício de liberdade. Observa-se que não apenas a existência de lei, mas também a sua falta pode revelar-se afrontosa aos direitos fundamentais. É o que se verifica, v.g., com as chamadas garantias de natureza institucional, com os direitos à prestação positiva de índole normativa, inclusive o chamado direito à organização e ao processo [...] e, não raras vezes, com o direito de igualdade. (MENDES, 1999, p. 44).

Os direitos de segunda geração correspondem à educação, a saúde, a alimentação, o trabalho, a moradia, o lazer, a segurança, a previdência social, a maternidade, à infância, a assistência aos desamparados. Tendo como objetivo principal a obrigação de fazer do Estado perante o indivíduo, sendo chamado de direitos positivos. O

Estado além de estar compelido a não interferir na liberdade do indivíduo estará obrigado a garantir esses direitos na forma de prestação de serviços.

Pode-se entender por direitos de segunda geração:

> São os direitos sociais, econômicos e culturais, direitos fundamentados nos princípios da igualdade e com alcance positivo, pois não são contra o Estado, mas ensejam sua garantia e concessão a todos os indivíduos por parte do Poder Público. (WOLKMER, 2003, p. 8);

BULOS (2013, p. 538) conceitua a segunda geração da seguinte forma:

> A segunda geração, advinda logo após a Primeira Grande Guerra, compreende os direitos sociais, econômicos e culturais, os quais visam assegurar o bem-estar, e a igualdade, impondo ao Estado uma prestação positiva, no sentido de fazer algo de natureza social em favor do homem.
> Aqui encontramos os direitos relacionados ao trabalho, ao seguro social, a subsistência digna do homem, ao amparo à doença e à velhice.

Seu surgimento se deu aos impactos e problemas econômicos sociais causados pela industrialização, que exigiu do Estado uma posição ativa principalmente em relação ao direito do trabalho que buscou reconhecimento de direitos que melhorassem a qualidade de vida do trabalhador, como a liberdade sindical, direito a greve, dia de descanso, entre outros direitos reivindicados na segunda geração. (SARLET, 1998, p. 49-50).

Pilau (2003, p. 88), mostra o momento histórico em que a positivação desses direitos ocorreu:

> No que se refere à positivação dos direitos humanos de segunda geração no constitucionalismo moderno – contemporâneo, ocorreu, inicialmente, na carta mexicana de 1917, na Constituição soviética de 1918 e na Constituição de Weimar de 1919, dando início ao Estado social. No Brasil, a positivação desses direitos ocorreu na constituição de 1934.

Bobbio (1992, p. 75), destaca "[...] para a vida e para a sobrevivência dos homens, nessa nova sociedade, não bastam os chamados direitos fundamentais, como o direito à vida, à liberdade e à propriedade."

Os direitos sociais mostram que proteger a instituição dos direitos fundamentais é tão importante como proteger o indivíduo. Nasce neste instante um novo conceito de direitos fundamentais que são vinculados aos direitos sociais que exigem a concretização desses direitos pelo Estado. (BONAVIDES, 2008, p. 565. – 566 – 567)

Com o desenvolvimento da sociedade a qualidade de vida se tornou direito fundamental, assim como o direito a vida e a liberdade. Mendes afirma que (1999, p.

45) "Nesses casos, a atuação do legislador revela-se indispensável para a própria concretização do direito". Ou seja, o Estado nesta dimensão tem obrigações de não fazer e fazer perante a pessoa.

> Direitos fundamentais são considerados indispensáveis à pessoa humana, necessário para assegurar a todos uma existência digna, livre e igual. Não basta ao Estado reconhecer direitos formalmente; deve buscar concretizá-los, incorporá-los no dia a dia dos cidadãos e de seus agentes. (PINHO, 2013, p. 96).

Podem-se citar como exemplo de direitos de segunda geração os artigos 6º e 193 da Constituição Federal de 1988.

> Artigo 6º. São direitos sociais a educação, a saúde, a alimentação, o trabalho, a moradia, o lazer, a segurança, a previdência social, a maternidade, à infância, a assistência aos desamparados, na forma desta Constituição.
> Artigo 193. A ordem social tem como base o primado do trabalho, e como objetivo o bem-estar e a justiça sociais.

Esta geração deu um passo à evolução na proteção da dignidade humana. Sua essência é a preocupação com as necessidades do indivíduo. Os direitos fundamentais de primeira geração tinham como objetivo a liberdade contra o arbítrio estatal, já os de segunda geração partem do homem, livre do julgo do Estado, buscando agora uma nova maneira de proteção de sua dignidade, a satisfação das necessidades mínimas para que se tenha dignidade e sentido na vida humana. Agora o Estado tem o dever de agir não apenas como policial das liberdades negativas, mas também nessa nova forma de alforria que coloca o Estado em uma posição inteiramente oposta àquela em que foi posicionado com relação aos direitos fundamentais de primeira geração (ARAUJO e JÚNIOR, 2013, p. 159).

Bobbio (2004, p 09), entende que a segunda geração que trata dos direitos sociais nasceu dos movimentos e reivindicações trabalhistas. E ainda menciona que o povo após adquirirem os direitos negativos, logo percebeu a necessidade de se buscar os direitos positivos:

> A liberdade religiosa é um efeito das guerras de religião; as liberdades civis, da luta dos parlamentos contra os soberanos absolutos; a liberdade política e as liberdades sociais, do nascimento, crescimento e amadurecimento do movimento dos trabalhadores assalariados, dos camponeses com pouca ou nenhuma terra, dos pobres que exigem dos poderes públicos não só o reconhecimento da liberdade pessoal e das liberdades negativas, mas também a proteção do trabalho contra o desemprego, os primeiros rudimentos de instrução contra o analfabetismo, depois a assistência para a invalidez

> e a velhice, todas elas carecimentos que os ricos proprietários podiam satisfazer por si mesmos.

Araújo e Júnior (2013, p. 159 – 160) aludem:

> Se o objetivo dos direitos aqui estudados é o de dotar o ser humano das condições materiais minimamente necessárias ao exercício de uma vida digna, o Estado, em vez de se abster-se, deve se fazer presente, mediante prestações que venham a imunizar o ser humano de injunções dessas necessidades mínimas que pudessem tolher a dignidade de sua vida. Por isso, os direitos fundamentais de segunda geração são aqueles que exigem uma atividade prestacional do Estado, no sentido de buscar a superação das carências individuais e sociais. [...] Os direitos fundamentais de segunda geração costumam ser denominados direitos positivos, pois, como se disse, reclamam não a abstenção, mas a presença do Estado em ações voltadas à minoração dos problemas sociais. Também são chamados de 'direitos de crença', pois trazem a esperança de uma participação ativa do Estado. Constituem os direitos fundamentais de segunda geração os direitos sociais, os econômicos e os culturais, quer em sua perspectiva individual, quer em sua perspectiva coletiva.

Sampaio (2004, p. 261) esclarece quais são os motivos que ensejaram a busca pela igualdade:

> Os direitos sociais, econômicos e culturais resultam da superação do individualismo possessivo e do darwinismo social, decorrentes das transformações econômicas e sociais ocorridas no final do Século XIV e início do Século XX, especialmente pela crise da relações sociais decorrentes dos modos liberais de produção, acelerada pelas novas formas trazidas pela Revolução Industrial; e da consequente organização do movimento da classe trabalhadora sob a catálise das ideias marxistas que levou à Revolução Russa e sua proposta de uma sociedade comunista planetária. As repercussões do movimento nos países industrializados tornaram evidente a necessidade de se reequilibrar à liberdade com a igualdade, promovendo a incorporação de conteúdo sociais no discurso dos direitos.

Após o surgimento dessa geração foram observadas as suas principais características, esses direitos foram denominados sociais ou coletivos, e são atinentes à cidadania econômica e social, por tanto são os direitos à educação, à saúde, à segurança nacional, ao trabalho, ao lazer etc. (MARTINS, 1999, p. 261).

Entretanto para que os direitos de segunda geração fossem aplicados de maneira ativa era inevitável o conflito com a primeira geração, pois, para que o direito de igualdade fosse eficaz o direito de liberdade muitas vezes precisaria ficar anulado. Quando os direitos sociais passaram a ser considerados como do homem junto ao direito de liberdade, o conjunto passou a ter entre si direitos incompatíveis, uma vez que a proteção não poderia ser concedida sem que fosse suspensa a proteção dos outros. (BOBBIO, 1992, p. 43)

4 DIREITOS DE TERCEIRA GERAÇÃO

A terceira geração trouxe direitos difusos, onde alcança a todos em nível internacional, nasce nesta fase à necessidade de se expandir a proteção do indivíduo fora de seu Estado, ou seja, uma proteção internacional, que seguirá o homem além de suas fronteiras, envolvendo toda a humanidade.

> Com a Declaração de 1948, tem início uma terceira [...], na qual a afirmação dos direitos é, ao mesmo tempo, universal e positiva: universal no sentido de que os destinatários dos princípios nela contidos não são mais apenas os cidadãos deste ou daquele Estado, mas todos os homens; positiva no sentido de que põe em movimento um processo em cujo final os direitos do homem deverão ser não mais apenas proclamados ou apenas idealmente reconhecidos, porém efetivamente protegidos até mesmo contra o próprio Estado que os tenha violado. No final desse processo, os direitos do cidadão terão se transformado, realmente, positivamente, em direitos do homem. Ou, pelo menos, serão os direitos do cidadão daquela cidade que não tem fronteiras, porque compreende toda a humanidade; ou, em outras palavras, serão os direitos do homem enquanto direitos do cidadão do mundo. (BOBBIO, 2004, p. 19).

Martins (1999, p. 263), mostra os acontecimentos históricos para o surgimento dessa nova geração:

> [...] o conteúdo dos direitos humanos seguiu o caminho indicado pela historicidade: respondendo os anseios das lutas sociais e de acordo com as transformações sociais, econômicas e políticas, possibilitando novas e importantes conquistas para a humanidade.
> Foram as atrocidades cometidas na Segunda Guerra Mundial que geraram a necessidade de uma nova ordem de direitos, que atingissem a todos. Buscando a paz e cooperação mundial nas defesas dos direitos individuais e coletivos.

Pilau (2003, p.91) afirma que "[...] os direitos humanos da terceira geração surgiram a partir da Carta das Nações Unidas de 1945. Sua positivação nos textos constitucionais brasileiros aconteceu em 1988, através da positivação do direito ao meio ambiente, entre outros [...]".

Araújo e Júnior (2013, p. 160) conceituam a terceira geração na seguinte forma:

> Enfoca-se o ser humano relacional, em conjunção com o próximo, sem fronteiras físicas ou econômicas. O direito à paz no mundo, ao desenvolvimento econômico dos países, à preservação do meio ambiente, do patrimônio comum da humanidade e à comunicação integram

> o rol desses novos direitos. Se a tecnologia e as novas formas de relacionamento social e econômico criaram outras formas de submissão do ser humano, cabe ao direito constituir meio para sua alforria

Esta tem como essência o indivíduo e sua razão de existir, e o destino da humanidade, por isso nasce em âmbito internacional nas relações entre nações. O objetivo é expandir a proteção ao cidadão.

> Depois de preocupações em torno da liberdade e das necessidades humanas, surge uma nova convergência de direitos, volvida à essência do ser humano, sua razão de existir, ao destino da humanidade, pensando o ser humano enquanto gênero e não adstrito ao indivíduo ou mesmo a uma coletividade determinada. A essência desses direitos encontra-se em sentimentos como a solidariedade e a fraternidade, constituindo mais uma conquista da humanidade no sentido de ampliar os horizontes de proteção e emancipação dos cidadãos. (ARAUJO e JÚNIOR, 2013, p. 160).

Bobbio (2004, p. 09), alude que a terceira tem como objetivo principal o meio ambiente:

> Ao lado dos direitos sociais, que foram chamados de direitos de segunda geração, emergiram hoje os chamados direitos de terceira geração, que

> constituem uma categoria, para dizer a verdade, ainda excessivamente heterogênea e vaga, o que nos impede de compreender do que efetivamente se trata. O mais importante deles é o reivindicado pelos movimentos ecológicos: o direito de viver num ambiente não poluído.

Essa geração destaca a preocupação do homem das consequências causadas pelo crescimento econômico e desenvolvimento industrial, e as condições que tornam possível a vida, fazendo com que se pense em formas de manutenção desses recursos. Bens que eram dados como inesgotáveis no passado, como a água e o ar limpo, nos dias de hoje são assuntos pertinentes e se destacam perante toda a sociedade, pois a vida e o bem-estar estão em perigo. Pois não afeta um indivíduo, ou uma determinada população, atinge a todos em âmbito global. Portanto explica claramente porque a constituições e as declarações internacionais passam a impor direitos distintos; trata-se agora de proteger bens comuns, não individualizáveis que são essências para a vida humana e o bem-estar. (CRUZ, 2001, p. 144).

É valido lembrar que a terceira geração foi introduzida na literatura como "novos direitos". Incluem-se nesses direitos os direitos de solidariedade, o direito ao desenvolvimento, à paz internacional, a um ambiente protegido, à comunicação. A grande dúvida é saber se esses direitos não são apenas simples aspirações e desejos. (RIVIERA apud BOBBIO, 2004, p. 09).

Outra observação é que estes direitos não são do indivíduo de uma forma particular, mas sim dos grupos humanos, como a família, o povo, a nação e a própria humanidade. Inclui-se entre esses direitos o direito à paz, os do consumidor, à qualidade de vida, à liberdade de informação, ligando o surgimento dos mesmos ao desenvolvimento de novas tecnologias (LAFER apud BOBBIO, 2004, p. 09).

Contudo terceira tende a reforçar o sistema jurisdicional, a finalidade é a criação de uma nova e mais alta jurisdição, a substituição da garantia nacional pela internacional, quando a nacional não for suficiente ou mesmo inexistente. Esse tipo de garantia foi previsto pela Convenção Europeia dos Direitos do Homem. (BOBBIO, 2004, p. 23).

Certamente que a mudança mesmo que boas causam conflitos, não seria diferente com a proteção dos direitos coletivos, que entra em atrito com a proteção do direito individual:

> [...] na passagem de uma titularidade individual para uma coletiva, que caracteriza os direitos de terceira e quarta geração, podem surgir dilemas no relacionamento entre indivíduo e coletividade que exacerbam a contradição, ao invés de afirmar a complementariedade do todo e da parte. Estes dilemas provêm, em primeiro lugar da multiplicidade infinita de grupos que podem sobrepor-se uns aos outros, o que traz uma difusa e

> potencial imprecisão em matéria de titularidade coletiva. (LAFER, 1999, p.132).

5 DIREITOS DE QUARTA GERAÇÃO

Esta geração teve como causa as evoluções tecnológicas e as descobertas científicas, gerando novamente na história a necessidade do surgimento de uma nova geração que aparasse esses novos direitos.

Os direitos não nascem todos de uma vez, nascem quando devem ou podem nascer. Quando há o aumento do poder do homem sobre o homem e acompanha o progresso técnico (progresso da capacidade do homem de dominar a natureza e os outros homens) surge à necessidade de mudanças. Porque toda vez que o homem cria novas ameaças a liberdade do indivíduo deve se criar novos remédios para combatê-los. Ameaças estas que são enfrentadas através de demandas de limitações do poder e remédios que são fornecidos através da exigência de que o Estado poder interver de modo protetor. Logo já surgiram novas exigências que foram enquadradas na quarta geração, que abrange os efeitos traumáticos causados da pesquisa biológica, que permitirá manipulações do patrimônio genético de cada indivíduo. (BOBBIO, 2004, p. 09).

A quarta geração se dá pelos avanços tecnológicos e científicos, portanto surge a necessidade de analisar e discutir esses novos direitos para que os mesmos possam ser protegidos pelo Ordenamento Jurídico. Os doutrinadores conceituam de vários modos esses direitos, surgindo diferentes caminhos de pensamentos.

Bonavides (2005, p. 571) ilustra o que são os direitos de quarta geração:

> São direitos de quarta geração o direito a democracia, o direito à informação e o direito ao pluralismo. Deles depende a concretização da sociedade aberta do futuro, em sua dimensão de máxima universalidade, para o qual parece o mundo inclinar-se no plano de todas as relações de convivências.

Bobbio (2004, p. 09), alude que a terceira quanto à quarta geração podem conter direitos negativos e também direitos e positivos:

> As primeiras, correspondem os direitos de liberdade, ou um não-agir do Estado; aos segundos, os direitos sociais, ou uma ação positiva do Estado Embora as exigências de direitos possam estar dispostas cronologicamente em diversas fases ou gerações, suas espécies são sempre — com relação aos poderes constituídos, apenas duas: ou impedir os malefícios de tais poderes ou obter seus benefícios. Nos direitos de terceira e de quarta geração, podem existir direitos tanto de uma quanto de outra espécie.

Martins (1999, p.264), afirma: "entendemos esses direitos como 'biodireitos, direitos que envolvem questões pertinentes â ética e â biologia, principalmente a genética".

Bonavides (2005, p. 572), explica com clareza que:

> Os direitos da quarta geração não somente culminam a objetividade dos direitos das duas gerações antecedentes como absorvem – sem, todavia, removê-la – a subjetividade dos direitos individuais, a saber, os direitos de primeira geração. Tais direitos sobrevivem, e não apenas sobrevivem, se não que ficam opulentos em sua dimensão principal, objetiva e axiológica, podendo, doravante, irradiar-se com a mais subida eficácia normativa a todos os direitos da sociedade e do ordenamento jurídico.

Bobbio (2004, p. 60) em sua obra explana com perceptibilidade as etapas vencidas para se chegar à quarta geração:

> Kant concluía o sistema geral do direito e representava de modo integral o
> Desenvolvimento histórico do direito, no qual o ordenamento jurídico universal, a cidade do mundo ou Cosmópolis, representa a quarta e última fase do sistema jurídico geral, depois do estado de natureza [...], depois do estado civil [...], depois da ordem internacional [...]. Concebido como a última fase de um processo, o direito cosmopolita não é, para Kant, "uma representação de mentes exaltadas", já

> que, num mundo onde "se chegou progressivamente, no que se refere à associação dos povos da Terra [...], a um tal nível que a violação do direito ocorrida num ponto da Terra é percebida em todos os outros pontos", o direito cosmopolita é "o necessário coroamento do código não escrito, tanto do direito público interno como do direito internacional, para a fundação de um direito público geral e, portanto, para a realização da paz perpétua".

Entretanto os direitos que correspondem à quarta geração que se referem à informática e a manipulação genética encontram-se ainda em fase inicial, quando se analisa sob o prisma do constitucionalismo contemporâneo. (CRUZ, p. 145).

6 DIREITOS DE QUINTA GERAÇÃO

Essa nova fase trata da paz em seu caráter mais profundo, requer-se a paz, como se requerer a igualdade, a democracia. A essência é a união dos povos para proteger e garantir a paz, pois é um direito que envolve a todos, a solidariedade entre as nações é ferramenta essencial para concretizar esse direito. E o mesmo se concretiza através de tratados, pactos e demais maneiras legais que unem os Estados para uma mesma causa.

Bonavides (2008, p. 82), traz o conceito da quinta geração: "[...] a paz como um direito fundamental de quinta geração que legitima o estabelecimento da ordem, da liberdade e do bem comum na convivência dos povos." Portanto, a essa dimensão reserva ao direito à paz o papel central de supremo direito da humanidade.

O objetivo dessa geração é trazer a paz como direito fundamental, o direito à paz é o direito natural dos povos. Direito que esteve em estado de natureza no contratualismo social de Rousseau ou que ficou implícito como um dogma na paz perpétua de Kant. Direito que nessa fase busca a qualidade de direito universal do ser humano. Busca-se agora a paz em nome da conservação dos valores impostos à ordem normativa pela dignidade humana. O objetivo é que essa paz seja universal em dimensão perpétua, em sua feição agregativa de solidariedade, em seu plano harmonizador de todas as etnias, de todas as culturas, de todos os sistemas, de todas as crenças que a fé e dignidade do homem propugna, reivindica, concretiza e legitima. (BONAVIDES, 2008, p. 92).

Bonavides (2008, p. 92) ainda esclarece quem violar essa paz responderá criminalmente e responderá perante o Tribunal das Nações:

> Quem conturbar essa paz, quem a violentar, quem a negar, cometerá à luz desse entendimento, crime contra a sociedade humana. Aqui se lhe descobre então o sentido mais profundo, perpassado de valores domiciliados na alma da humanidade. Valores, portanto, providos de inviolável força legitimadora, única capaz de construir a sociedade da justiça, que é fim e regra para o estabelecimento da ordem, da liberdade e do bem comum na convivência dos povos. Execrado das presentes e das futuras gerações, o Estado que delinquir ou fizer a paz soçobrar como direito, há por certo de responder ante o Tribunal das nações; primeiro no juízo coevo, a seguir, no juízo do porvir, perante a História.

A defesa da paz se tornou princípio constitucional, pode-se encontra-la no artigo 4º, inciso VI, da Constituição Federal 1988.

> Art. 4º A República Federativa do Brasil rege-se nas suas relações internacionais pelos seguintes princípios:

> I - independência nacional;
> II - prevalência dos direitos humanos;
> III - autodeterminação dos povos;
> IV - não-intervenção;
> V - igualdade entre os Estados;
> VI - defesa da paz;
> VII - solução pacífica dos conflitos;
> VIII - repúdio ao terrorismo e ao racismo;
> IX - cooperação entre os povos para o progresso da humanidade;
> X - concessão de asilo político.

Acrescenta os princípios que o legislador instituiu para conduzir o país no âmbito de suas relações internacionais.

Bonavides (2008, p.92) diz: "Tendo a mesma força, a mesma virtude, a mesma expressão normativa dos direitos fundamentais. Só falta universalizá-lo, alçá-lo a cânone de todas as Constituições."

CONSIDERAÇÕES FINAIS

Este estudo teve como finalidade demonstrar que as gerações de direitos humanos surgem através da evolução de uma sociedade, estando intimamente ligado com a evolução histórica. A primeira geração surgiu durante a Revolução Francesa, os direitos de segunda nascem no século XIX, após a primeira guerra Mundial, a terceira advém do pós segunda guerra mundial, os direitos de quarta geração passar a existir devido aos avanços tecnológicos e descobertas cientificas e a quinta geração brota quando a paz se torna prioridade a quase todas as Nações.

Cada geração conquistou direitos que são de grande importância para a humanidade, sendo que as duas últimas gerações são frutos das primeiras aperfeiçoadas e aprofundadas. A questão é que as dimensões não são separadas, ou seja, quando uma termina a outra começa, elas se entrelaçam, portanto quando surgiu a primeira geração já havia faíscas da segunda. Cada uma surge independente da outra ainda estar se desenvolvendo, a separação por primeira, segunda, terceira, quarta e quinta geração é uma forma de destrinchar o conteúdo e torna-lo mais didático.

O desenvolvimento das cinco gerações se deu em razão da evolução histórica, através de conquistas, avanços, circunstâncias e necessidades vindas do ser humano. Entende-se que as gerações têm como sua finalidade a transformação positiva. Portanto quando se fala de gerações fala-se de novos direitos, novos conceitos, novas prioridades, todas buscando a melhor forma de oferecer uma vida digna a cada ser humano, porque o direito nasceu pelo homem e para o homem.

REFERÊNCIAS

ARAÚJO, Luiz Alberto David e JÚNIOR, Vidal Serrano Núnes. **Curso de direito constitucional**. 18 ed. Editora Verbatim, 2014.

BOBBIO, Norberto. **A era dos direitos**. 15 ed. Rio de Janeiro: Campos, 1992.

BOBBIO, Norberto. **A era dos direitos**. 7 reimpressão. Rio de Janeiro: Elsevier, 2004.

BONAVIDES, Paulo. **Curso de direito constitucional**. São Paulo: Malheiros Editores Ltda., 2005.

BONAVIDES, Paulo. **Curso de direito constitucional**. 23 ed. São Paulo: Malheiros Editores Ltda., 2008.

BOUCALT, C.A.A; ARAÚJO, N.; MARTINS, D.C. **Os direitos humanos e o direito internacional.** Organizadores: Carlos Eduardo de Abreu Boucalt e Nádia de Araújo. Rio de Janeiro: Renovar, 1999.

BOLUS, Uadi Lammêgo. **Curso e direito constitucional**. 8 ed. São Paulo, Saraiva, 2013.

CRUZ, Paulo Márcio. **Curso de direito constitucional**. São Paulo: Malheiros Editores Ltda., 2005.

CRUZ, Paulo Márcio. **Fundamentos do direito constitucional.** São Paulo: Malheiros Editores Ltda., 2001.

HUNT, Lynn. **A invenção dos direitos humanos**. Campanhas das Letras, tradução Rosaura Eichenberg, 2007.

LAFER, Celso. **A reconstrução dos direitos humanos**. São Paulo: Companhia das Letras, 1999.

LIMA, George Marmelstein. **Críticas à teoria das gerações (ou mesmo dimensões) dos direitos fundamentais**. Jus Navigandi, Teresina, ano 8, n. 173, 26 dez. 2003. Disponível em: http://fernandafav.jusbrasil.com.br/artigos/136299212/as-geracoes-de-direitos-humanos-e-o-estado-democratico-de-direito. Acesso em: 12 out., 2014.

MENDES, Gilmar Ferreira. **Direitos fundamentais e controle de constitucionalidade**. 2 ed., São Paulo: Celso Bastos Editor, 1999.

MORAES, **Alexandre de. Direitos humanos fundamentais: teoria geral, comentários aos artigos. 1º a 5º da constituição da república federativa do Brasil. Doutrina e jurisprudência**. 6. Ed. São Paulo: Atlas 2005.

PILAU, Newton César. **Teoria constitucional moderno-contemporânea e a positivação dos direitos humanos**. Passo Fundo: UPF, 2003.

QUEIROZ, Carlos Alberto Marchi de. **Resumo de direitos humanos e da cidadania**. São Paulo: Iglu, 2001.

SAMPAIO, José Adércio Leite. **Direitos fundamentais: retórica e historicidade**. Belo Horizonte: Del Rey, 2004.
SARLET, Ingo Wolfgang. **A eficácia dos direitos fundamentais**. Porto Alegre: Livraria do Advogado, 1998.

SARLET, Ingo Wolfgang. **A eficácia dos direitos fundamentais**. Porto Alegre: Livraria do Advogado, 2005.

WOLKMER, Antônio Carlos. **Introdução aos fundamentos de uma teoria geral dos "novos" direitos**. In LEITE. José Rubens Morato; WOLKMER, Antônio Carlos (Coord.). Os novos direitos no Brasil: natureza e perspectivas: uma visão básica das novas conflitualidades jurídicas. São Paulo: Saraiva, 2003.

www.ingramcontent.com/pod-product-compliance
Ingram Content Group UK Ltd.
Pitfield, Milton Keynes, MK11 3LW, UK
UKHW021938190726
13853UKWH00004B/1516

9 786583 134561